ÉMILE CHEVÉ

PREMIÈRE

SOLENNITÉ MUSICALE

DONNÉE PAR Mlle EUDOXIE ALIX

EN L'HONNEUR ET A LA MÉMOIRE

D'ÉMILE CHEVÉ

Le 19 mars 1865

DANS LA GRANDE SALLE DU COMITÉ DE PATRONAGE DE LA MÉTHODE

GALIN-PARIS-CHEVÉ

84, RUE DE GRENELLE-SAINT-GERMAIN, PARIS.

1865

ÉMILE CHEVÉ

Sous un ciel noir qu'à peine un coup de foudre éclaire,
Lorsque les flots grondants contre les flots poussés
Serrent le cœur, ainsi que les cris de colère,
Qui sont, aux jours d'émeute, un glas de trépassés;
Quand, épars au milieu des vagues en furie,
Du rivage on peut voir, las d'un suprême effort,
Des pêcheurs isolés, dans leur barque meurtrie,
Se coucher éperdus pour attendre la mort;
Contre l'ébranlement de ces masses puissantes
Que peut d'un faible bras le débile secours?
Vous reculez d'horreur, et vos mains frémissantes
Se lèvent vers le ciel, votre unique recours!

Alors que près de vous, seul, un homme se dresse
Résolu! son courage, insensible à la peur
Ne songe qu'au salut des hommes en détresse,
Sa voix sait d'un seul mot secouer leur torpeur.

Un éclair l'a montré s'élançant du rivage;
Un éclair le fait voir luttant contre les flots.

Puis, d'éclair en éclair, vous voyez un cordage
Ramener vers le bord barques et matelots.

Longtemps ainsi, longtemps dure le sauvetage.
Il faut vaincre la nuit, les vents et le reflux.
Mais l'abîme irrité réclamait son otage ;
Les pêcheurs sont sauvés, mais leur sauveur n'est plus !

On le pleure !... Enviez cette noble victime !
Le bien pour dernier rêve, et la mer pour tombeau,
Est-il plus digne prix d'un dévouement sublime ?

Eh bien ! il est au monde un dévouement plus beau.

Elle est plus grande encor, la lutte de l'idée
Contre les flots de haine ardents à l'engloutir.
Ce sont les affres lents d'une mort retardée.
Si l'autre a sa victime, ici c'est un martyr.

Apôtres du progrès, forts tombés sur la route
Qu'infestent la routine et la méchanceté,
Vous dont la triste vie apprend ce qu'il en coûte
Pour faire vers le vrai marcher l'humanité,
Vous savez le néant de nos phrases glacées
Pour vanter le mérite. Eh bien, venez à nous !
Trempez nos cœurs au feu de vos nobles pensées,
Nous célébrons CHEVÉ, qui fut digne de vous !

Mais on sent à ce nom le sentiment éclore.
Ici, tous l'ont connu, tous ici l'ont aimé.
Dans le secret du cœur plus d'un le pleure encore
Et garde un souvenir par ses traits animé.

D'abord ce vaste front où l'idée aime à naître,
Ces yeux bleus, doux, pensifs, reflet de sa bonté,
Cette bouche si ferme à la leçon du maître,
Si fine sous les ris d'une aimable gaîté ;
Ces cheveux blancs que sur son front sa main partage,
Et qu'elle essuie, aussi... souvent ! — Quel souvenir !
Et qui flottent épars autour de son visage,
Comme un nimbe d'argent sur le front d'un martyr.

Puis, quand IL s'animait, quand la leçon comprise
Excitait l'enjouement de son esprit rêveur,
Sa verve s'épanchait sur la foule surprise
En des gerbes de mots d'une exquise saveur.

Il riait, on riait : pour se faire comprendre
Chevé ne voulait rien expliquer à demi.
Ainsi que les esprits, les cœurs venaient se rendre,
Chacun des auditeurs devenait son ami.

On le voit, quand d'un air, mélodie inconnue,
Il égrenait les sons, sous des regards moqueurs,
Attendant qu'à ses pieds la note retenue
Vint se fixer sans bruit sous la main de ses chœurs.
Émue, sa voix tremblait. Aussi, quelle victoire,
Lorsque par cinq cents voix l'air bientôt répété
Éclatait, comme un chant d'allégresse ou de gloire
Légué par le génie à la postérité !

Alors il triomphait ! Son idée était mûre,
Elle portait enfin ses fruits après ses fleurs !

Quand des derniers bravos s'éteignait le murmure,

On voyait que ses yeux avaient versé des pleurs.

Il le tenait enfin ce succès de ses rêves !
Le rêveur bafoué produisait le réel !
Comme un père a ses fils, il avait ses élèves,
Pour soutenir un nom qui doit vivre immortel !

Peut-être un jour, des nations entières,
Feraient, par dessus les frontières,
Appel aux peuples étrangers,
Pour abattre par l'harmonie,
Comme jadis la tyrannie,
Leurs haines et leurs préjugés.

Si l'on devait vaincre la défiance,
Faire d'une sainte alliance
Le lien des peuples divers,
Parler la langue universelle...
N'est-ce point à répandre celle
Que déjà comprend l'univers ?

Si c'est un art dont les formes sensibles
Ont des hauteurs inaccessibles
A la masse du genre humain,
Ne faut-il pas l'y porter toute
En lui traçant une autre route,
Et l'y conduisant par la main.

Heureux l'élu d'une chance prospère !
Heureux l'esprit apte à tout concevoir !
Heureux l'enfant qui reçoit de son père
Les biens garants du loisir, du savoir !

Mais ici-bas si le grand nombre envie
L'instruction dont il se voit privé,
Car le travail est la loi de la vie,
Honneur ! Honneur aux cœurs tels que Chevé.

Pour ce cœur dévoué c'était le but suprême.
Adieu donc la fortune, adieu les biens que sème
    La main de la célébrité !
Docteur, laisse ton art, un plus noble t'appelle.
Fais vœu, guide nouveau sur la route nouvelle,
    De labeur et de pauvreté.

Va chercher de doux fruits sous de rudes écorces.
Prolonge tes travaux au-delà de tes forces,
    Que l'effort succède à l'effort.
Pour le prix de tes soins reçois les calomnies.
Tu sais que la vertu conduit aux gémonies,
    Et n'est vertu qu'après la mort !

Ainsi l'idée un jour avait changé ton sort.

Combien d'amis, témoins des fatigues du maître,
Poussaient eux-mêmes l'œuvre et marchaient à grands pas,
Disant : « Il va sur nous se reposer peut-être ! »
Mais un tel dévouement ne se repose pas.

L'âme dans son ardeur cessait d'être servie
        La force était ravie
        A son corps languissant.
Il s'arrêta mourant, puis il quitta la vie
        En la bénissant.

Quel abîme est la vie humaine,
Que l'artiste meurt à la peine
Au seuil du succès mérité.
Et qu'insensible à la souffrance,
Il s'en va sur une espérance
De justice et de vérité ?

Élèves, ses amis, c'est sur vous que se fonde
Sa suprême espérance. Il vous a confié
Le trésor pour lequel il s'est sacrifié,
Le feu sacré qui doit rayonner sur le monde.

D'un commun dévouement apportez le tribut.
Et comme le vaisseau, guidé par une étoile,
Sait régler le jeu de sa voile,
Et s'acheminer vers le but,
Contre l'égarement, le doute,
Allez au but, fixant les yeux
Sur l'astre ami de votre route,
Sur le guide au front radieux.

Vous sentirez son influence
Par le foyer d'intelligence
En vos cœurs toujours ravivé.
Cet astre eut un nom sur la terre,
C'est ce nom qu'ici l'on révère,
C'est le nom d'ÉMILE CHEVÉ.

RENAUD HEUSSLER.

13 mars 1865.

CANTATE

CANTATE
A LA MÉMOIRE D'ÉMILE CHEVÉ

POÉSIE D'EUGÈNE VIGNON.   MUSIQUE DE TH. RITTER.

Pertransiit benefaciendo (Actes, x.).
« Il fit le bien sur son passage. »

TON D'UT MINEUR. — Andantino.

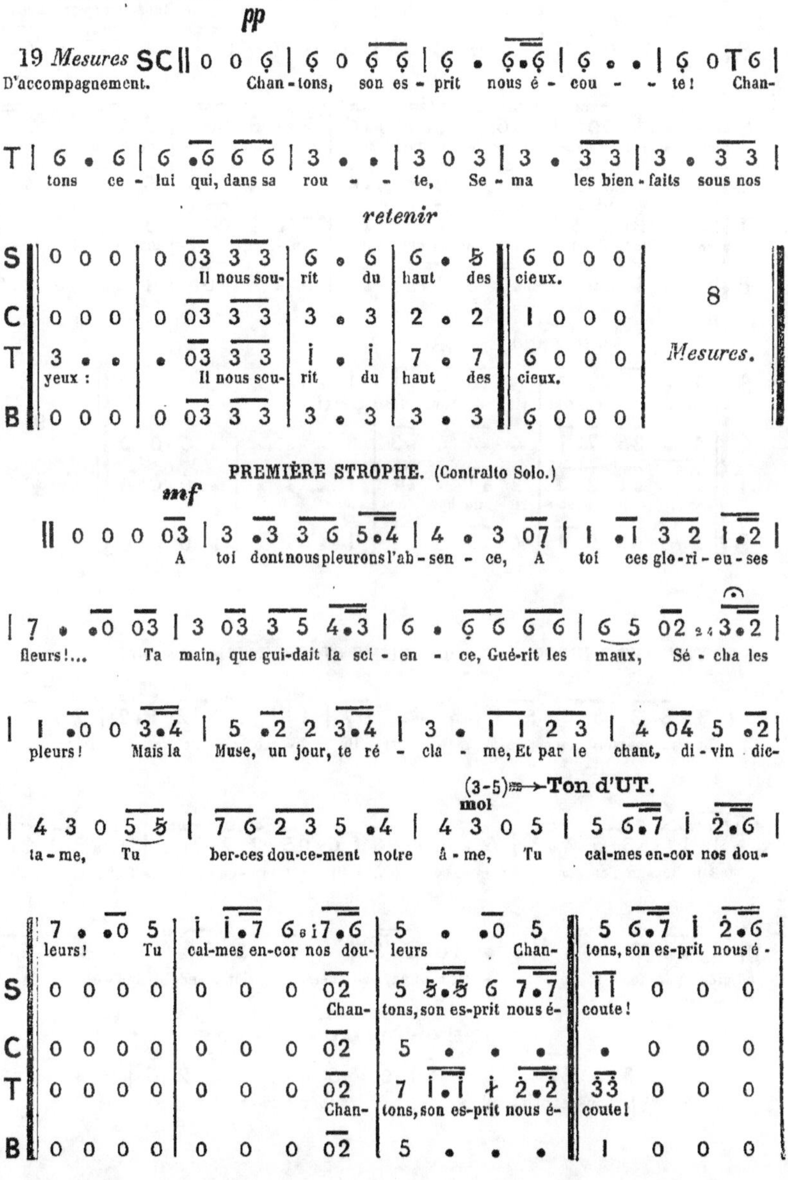

pp

19 *Mesures* SC ‖ 0 0 6̣ | 6̣ 0 6̣ 6̣ | 6̣ . 6̣ 6̣ | 6̣ . . | 6̣ 0 T 6 |
D'accompagnement.   Chan-tons, son es-prit nous é-cou--te! Chan-

T | 6̣ . 6̣ | 6̣ . 6̣ 6̣ | 3 . . | 3 0 3 | 3 . 3 3 | 3 . 3 3 |
tons ce-lui qui, dans sa rou--te, Se-ma les bien-faits sous nos

retenir

S ‖ 0 0 0 | 0 03 3 3 | 6 . 6 | 6 . 5̣ ‖ 6 0 0 0 |
Il nous sou- rit du haut des cieux.

C ‖ 0 0 0 | 0 03 3 3 | 3 . 3 | 2 . 2 ‖ 1 0 0 0 |

T | 3 . . | . 03 3 3 | i̱ . i̱ | 7 . 7 ‖ 6 0 0 0 |
yeux : Il nous sou- rit du haut des cieux.

B ‖ 0 0 0 | 0 03 3 3 | 3 . 3 | 3 . 3 ‖ 6̣ 0 0 0 |

8 *Mesures.*

PREMIÈRE STROPHE. (Contralto Solo.)

mf

‖ 0 0 0 03 | 3 . 3 3 6 5 . 4 | 4 . 3 07 | 1 . 1 3 2 1 . 2 |
A   toi dont nous pleurons l'ab-sen - ce, A   toi ces glo-ri-eu-ses

| 7 . . 0 03 | 3 03 3 5 4 . 3 | 6 . 6̣ 6 6 | 6 5 02 3 . 2 |
fleurs!... Ta main, que gui-dait la sci-en - ce, Gué-rit les maux, Sé-cha les

| 1 . 0 0 3 . 4 | 5 . 2 2 3 . 4 | 3 . 1 1 2 3 | 4 04 5 . 2 |
pleurs! Mais la Muse, un jour, te ré-cla-me, Et par le chant, di-vin dic-

(3-5)⟹ **Ton d'UT.**

mol

| 4 3 0 5 5 | 7 6 2 3 5 . 4 | 4 3 0 5 | 5 6 . 7 1 2 . 6 |
ta-me, Tu   ber-ces dou-ce-ment notre â-me, Tu   cal-mes en-cor nos dou-

‖ 7 . . 0 5 | i̱ i̱ . 7 6̣ i̱ 7 . 6 | 5 . . 0 5 ‖ 5 6 . 7 1 2 . 6 |
leurs! Tu cal-mes en-cor nos dou- leurs   Chan- tons, son es-prit nous é-

S | 0 0 0 0 | 0 0 0 02 | 5 5 . 5 6 7 . 7 ‖ 1 1 0 0 0 |
Chan- tons, son es-prit nous é- coute!

C | 0 0 0 0 | 0 0 0 02 | 5 . . ‖ . 0 0 0 |

T | 0 0 0 0 | 0 0 0 02 | 7 i̱ . i̱ 1 2 . 2 ‖ 3 3 0 0 0 |
Chan- tons, son es-prit nous é- coute!

B | 0 0 0 0 | 0 0 0 02 | 5 . . ‖ 1 0 0 0 |

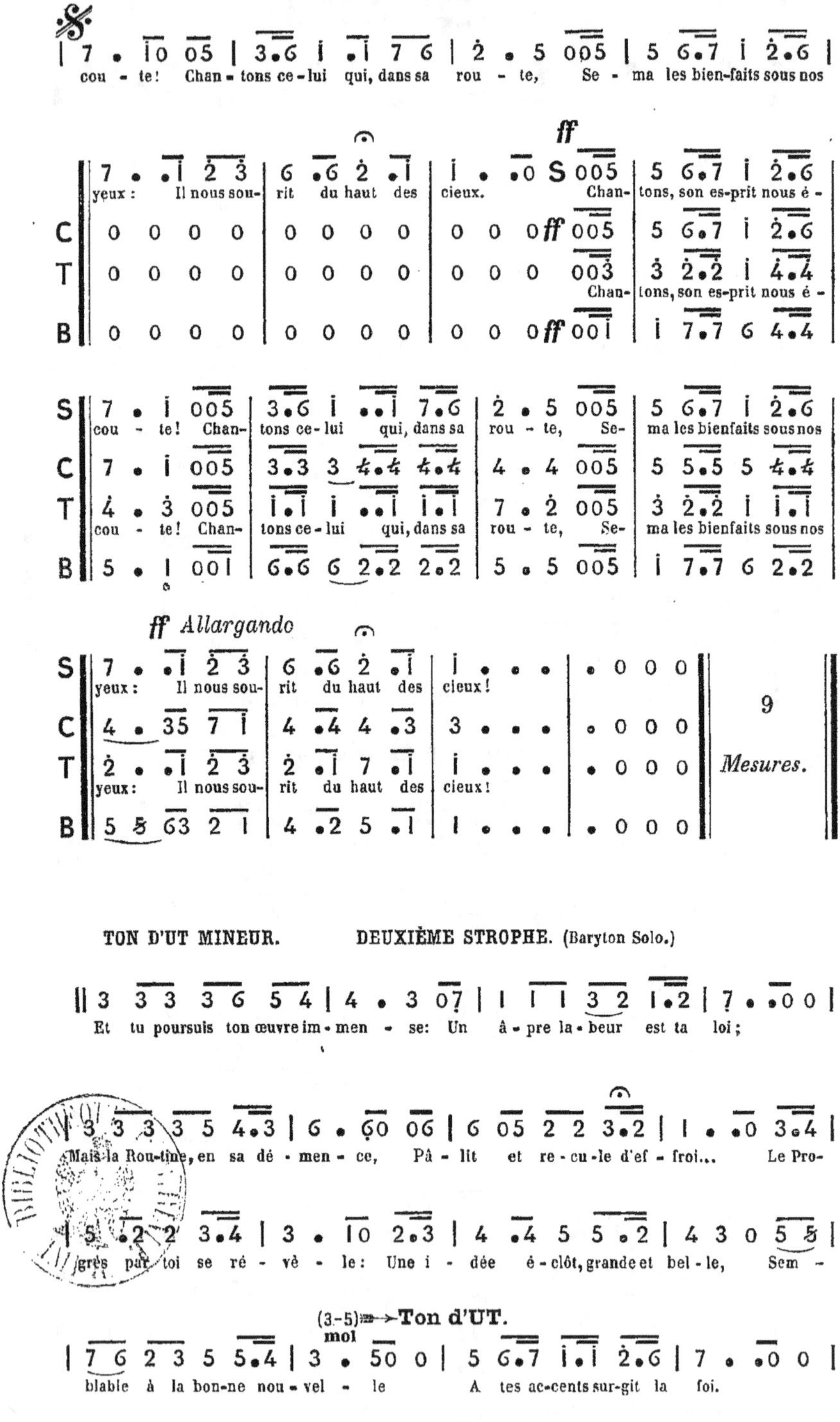

TON D'UT MINEUR.   DEUXIÈME STROPHE. (Baryton Solo.)

(3-5)⇒ **Ton d'UT.**
mol

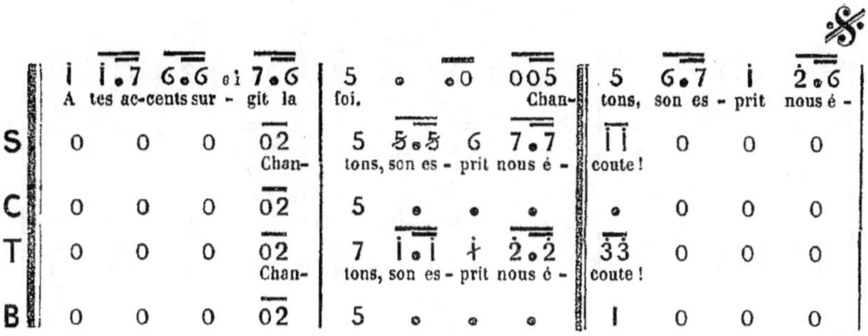

TON D'UT MINEUR.   TROISIÈME STROPHE. (Le Chœur.)

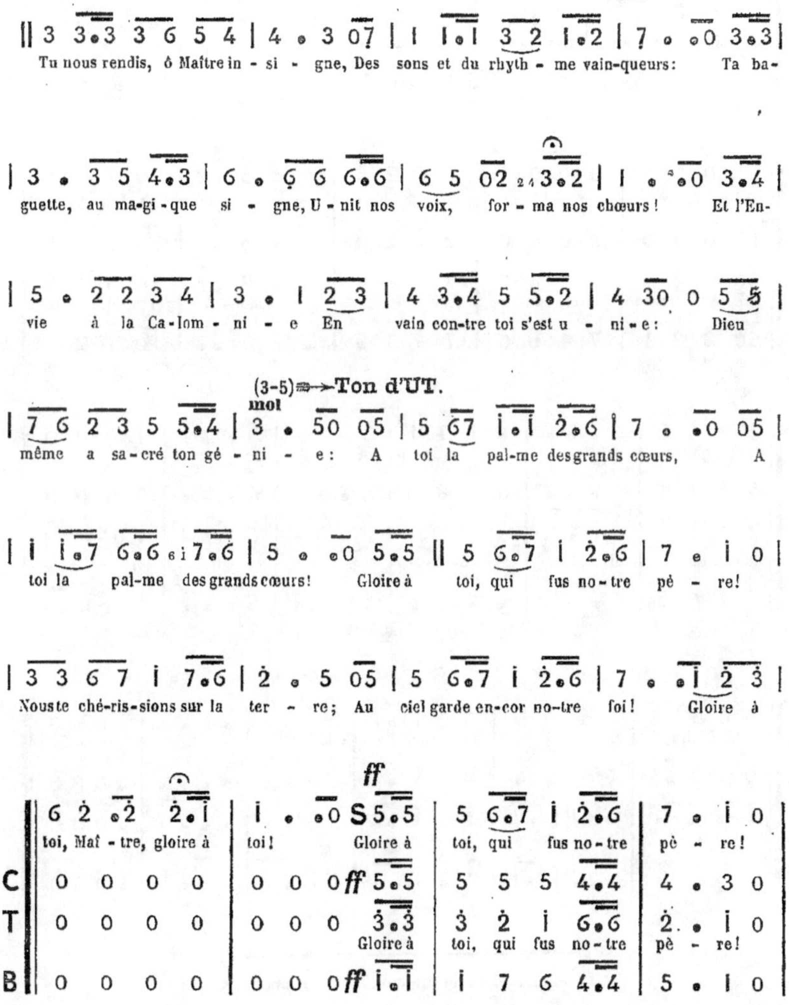

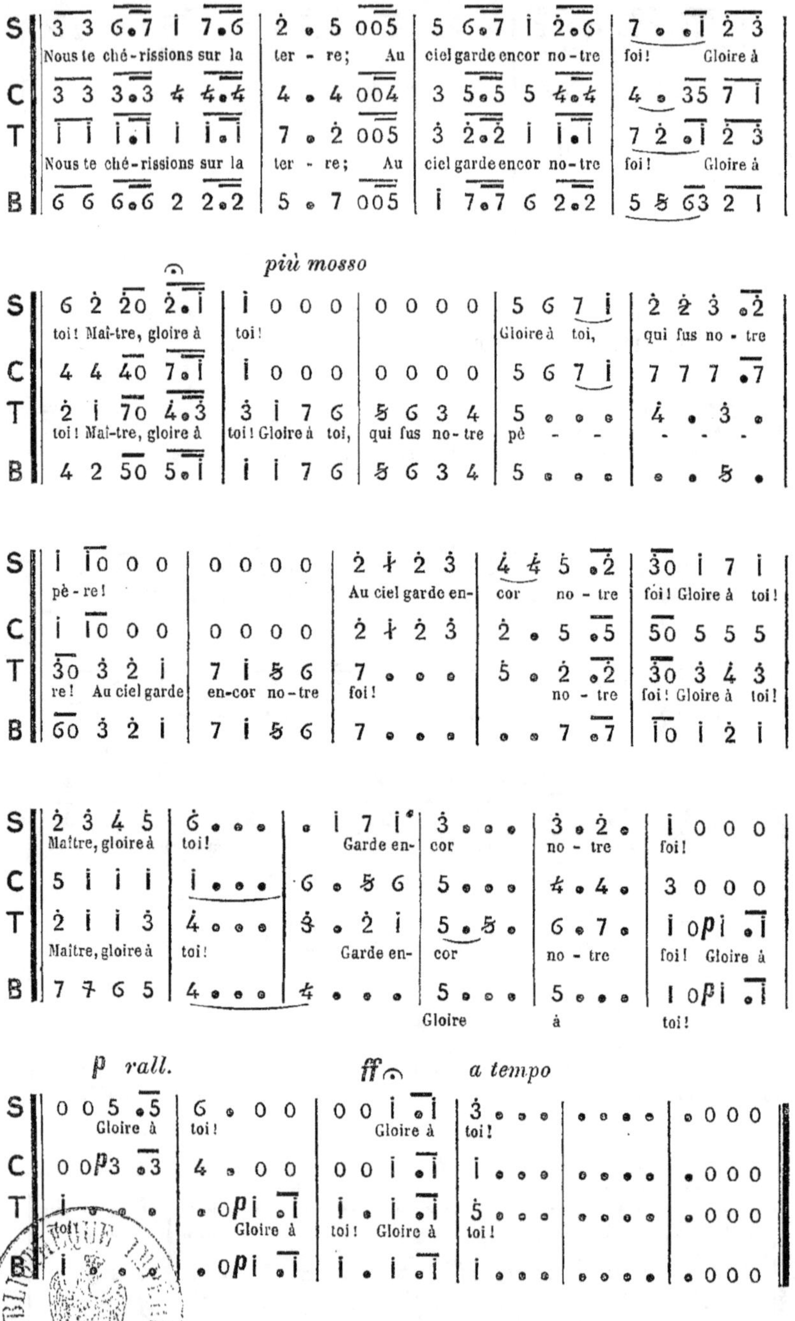
S
C
T
B
Nous te ché-rissions sur la ter - re; Au ciel garde encor no-tre foi! Gloire à
Nous te ché-rissions sur la ter - re; Au ciel garde encor no-tre foi! Gloire à
più mosso
toi! Maî-tre, gloire à toi! Gloire à toi, qui fus no - tre
toi! Maî-tre, gloire à toi! Gloire à toi, qui fus no-tre pè - - - - - -
pè - re!
Au ciel garde en- cor no - tre foi! Gloire à toi!
re! Au ciel garde en-cor no-tre foi! no - tre foi! Gloire à toi!
Maître, gloire à toi! Garde en- cor no - tre foi!
Maître, gloire à toi! Garde en- cor no - tre foi! Gloire à
Gloire à toi!
p rall.
ff
a tempo
Gloire à toi! Gloire à toi!
toi! Gloire à toi! Gloire à toi!

PARIS. — IMP. V. GOUPY ET COMP., RUE GARANCIÈRE, 5.

www.ingramcontent.com/pod-product-compliance
Lightning Source LLC
Chambersburg PA
CBHW061552050726
47595CB00009B/3790